ख़्वाहिशों का समुन्द्र

इक़रा नाज़

क्रम-सूची

इक़रा नाज़

मेरा नाम इक़रा नाज़ है। मैं हिन्दी की लेखिका तथा कवियित्री हूँ, जलेसर, एटा से। मेरी उम्र 21 वर्ष है। मेरे पिताजी का नाम असलम तथा माता जी का नाम फ़ौज़िया सुल्ताना है। मुझे खाना बनाना, लिखना तथा

गाना पसंद है। मैं बी.ए. कि शिक्षा पूरी कर चुकी हूँ तथा अई पी एस अधिकारी बनना चाहती थी परंतु अब मैं एक अच्छी प्रोफेसर बनना चाहती हूँ। मुझे प्रकृति से बहुत प्रेम है।

मैं एक लड़की हूँ और लेखिका भी। मेरी जिंदगी का सपना तो बहुत बड़ा था लेकिन समाज की वजह से मुझे मौका नहीं मिला। मैं अपनी ज़िंदगी में कुछ बड़ा करना चाहती थी लेकिन मैंने अपने समाज को देख कर अपने आप को रोक लिया क्योंकि इस समाज मे लड़की के लिए घर ही सब कुछ होता है यही लोगों की सोच चलती आई है और आज भी है कि लड़की घर संभालने के लिए ही बनी है और यही संभालेगी। मैं एक छोटे से कस्बे में रहती हूँ।लेकिन इरादे बड़े रखती हूँ। मुझे कभी भी जिंदगी में अपनी ज़रूरतों के लिए कभी किसी की ज़रूरत नहीं मेहसूस हुई क्योंकि मेरे पापा ने कभी होने नहीं दी। उन्होंने जिंदगी की हर ख़्वाहिश पूरी। वो चाहते है की जो कुछ भी करना या बनना चाहो तो यहीं रहकर करो। हाँ ये गलत भी नहीं कि अपने बच्चों के लिए अच्छा सोचना फ़िक्र करना। तो मैने सोचा की मैं क्यों ना जीवन की सत्य प्रेरणा घटना लिखूँ। क्योंकि मुझे लिखने का शोक तो बचपन से ही था। और मैं हर परेशानी को कॉपी मे लिखा करती थी। और मैने बी.ए. पूरा कर लिया है और मेरे ख्वाहिश है कि अब मैं एक अच्छी लेखिका बनूँ। मैं अपनी ज़िंदगी मे कुछ बड़ा करना चाहती थी। तो मेरा ये समाज मेरे सामने आ जाता था मुझे आगे बढ़ने से रोक लेता था। मुझसे लोग बोलते है कि तुम एक लड़की हो तुम क्या करोगी कुछ बन कर। और कहते थे कि लड़की बड़ी हो गई है शादी कर दो। पर मैं ये चाहती थीं कि जब तक मैं अपनी जिंदगी में कुछ कर नही लेती तब तक मैं शादी नही करूंगी। मुझे तब तक शादी करना सही नहीं लगता जब तक कोई सही व्यक्ति नहीं मिल जाता क्योंकि मैंने देखा है आज के वक्त में लोग रिश्ता बना तो लेते है पर निभाना नहीं जानते। लोग मक्कारी कर जाते है झूठ बोलते है। कैसे किसी पर बिना जाने बिना देखे यकीन कर लूँ? हाँ मेरा एक सपना जरूर है कि मैं किसी की

princess बनू और मेरा prince मुझे लेने आए black cot में और वो मुझे एक अच्छी दुनिया में लेकर जाए जहाँ न झूठ हो न मक्कारी। पर शायद ही आज के वक्त में होंगे ऐसे लोग। पर आज के वक्त में लोग प्यार में धोका जल्दी दे देते हैं। अगर किसी के साथ अच्छा भी बन जाओ तो लोग बेवकूफ समाज कर छोड़ कर चले जाते हैं। प्यार की अहमियत नहीं समझते। मैं ये नही कहती कि मुझे एक ऐसा इंसान मिले जो मुझे जरूरत से ज्यादा प्यार दे। मेरे साथ हर वक्त रहें। बस इतना चाहती हूं कि मुझे समझे मतलब अगर मैं किसी वजह से झूठ भी बोलती हूँ तो उसके पीछे की वजह जानें। मेरी आखों में परेशानी देख कर समझ जाए और मेरा साथ दे। अगर में गलत हूँ तो मुझे बताए, शायद ऐसे कई शख्स होते है। मैं बचपन में बहुत कमजोर थी। सोचती थी कि मैं क्या कर पाऊंगी अपनी जिंदगी में मेरी भी बाकी लोगों की तरह शादी हो जाएगी। लेकिन अपने अनुभव से मैं काफी पुरूस्कार भी लेकर आई। मुझे ये नही पता था कि मैं अपनी परेशानियों को लिखते लिखते एक लेखिका बन जाऊंगी। शायद अब लोग नही कहेंगे कि लड़की केवल शादी के लिए बनी है।

मेरी जिंदगी का अनुभव कहता है कि कोई लड़की अपने आप को कमजोर न समझे। अपने हुनर को दिखाए, अब चाहे वो जो कुछ भी हो। जिंदगी मे कुछ बनना या कुछ करना।बस एक बार खुद को ठीक से देखने की जरूरत है। शायद ऐसे छोटे छोटे सोच के लोगो की सोच बदल जाए और लड़कियों को भी समझा जाए।क्योंकि लोग यही कहते हैं कि तुम लड़कियों को समझ नही पाते।लेकिन मैं कहती हूं कि हम लड़कियों को समझ नही पाते या समझा ही नहीं जाता। एक बार कोशिश तो किजिए कि हम चाहते क्या हैं तो शायद समज जाएं।

मुझे प्रकृति से बहुत प्यार है क्योंकि जब भी मैं परेशान होती हूँ तो मैं वहीं बैठ कर अच्छा महसूस करती हूँ। पेड़ो से बात करना और हवाओं की

सरसराहट मुझे आराम देती है और सुकून भी। मैं बहुत शांत व्यवहार की हूँ। कम बोलना पसंद करती हूँ क्योंकि मुझे लगता है कि ज्यादा बोलना बेवकूफी होती है और कम बोलना समझदारी। लोग कहते हैं कि मैं इतना कम क्यों बोलती हूँ। मेरा मानना है कि कम बोलना मेरी पहचान और समझदारी है। मैं भले ही बोलती कम हूँ पर जिंदगी का अनुभव रखती हुँ। लोगों को समझना पसंद करती हूँ और इस कविता को लिखने का सपोर्ट मेरे माता पिता हैं जो ऐसे समाज में रह कर भी मुझे इतना सपोर्ट कर रहे हैं।

मेरे जिंदगी की अनुभव पढ़ कर अच्छा लगेगा और मेरा मतलब किसी को गलत कहना नहीं है बस अपनी जिंदगी के बारे में बताना है। आशा करती हूँ मेरी लिखी कविता आप सबको पसंद आयेगी।

लेखनी

बचपन

कहाँ फस गए यहाँ आकर,

इन उलझनों में।

वो दुनिया ही अलग थी,

छोटे छोटे झुनझुनो में।

Boundation

उड़ने दो उन हवाओ में,

जहां उनका हक है।

तोड़ दो उन जंजीरों को,

जहां उनके सपने कैद हैं।

Humanism

इंसान को इंसान रहने दो,

क्योंकि वह मिट्टी से बना है।

इंसान को शैतान न बनने दो,

क्योंकि वह दिल का बना है।

Life

जिंदगी एक लम्हा है,

जो एक पल है।

वो पल एक सपना है,

जो एक कल है।

सफर

मंजिले तो बहुत हैं,

सफर वहीं है।

चलना तो बहुत हैं,

पर पहुंचना वहीं है।

Dreams

मेरी जिंदगी का एक सपना है,

मुझे पता है वो एक सपना है।

वो सपना एक सपना है,

पर वो सपना एक अपना है।

***

पापा

खुशियों को घर लाते है,

परेशानियों को बाहर रखते हैं।

ऐसी कुर्बानियां तो सिर्फ,

पापा ही कर सकते हैं।

***

Self

कोई मुझसे जले ये ,

मेरे हुनर की निशानी है।

कोई मेरी नकल करे ये ,

मेरे दिमाग की कलाकारी है।

Trust

किसी पर यकीन करना समझदारी है,

पर खुद को भूल कर बेवकूफी।

लोग प्यार सिखाकर प्यार करना भूल जाते हैं ,

यही होती है खुदगर्जी।

Understanding

मुझे जानने की जरूरत नहीं ,

समझने की जरूरत है।

क्योंकि पहचान तो हर कोई कर लेता है,

पर समझता कोई नहीं।

❧❧❧

मुश्किल

मोहब्बत आसान है, निभाना मुश्किल।

जिंदगी आसान है, पर जीना मुश्किल।

❧❧❧

Life partner

यकीन ऐसा हो,

जैसे खुदा पर किया जाता है।

हमसफर ऐसा हो,

जो हर हाल में निभाना जनता है।

❧❧❧

Problems

ऐ खुदा इम्तिहान इतने लेना,

की हम तक ही रहें।

मेरा यकीन तुझ पर बना रहे,

और बस हम जिंदा रहें।

Badi ho gi

ये दुनियां के सिलसिले, मेरे साथ यूँ लग गए।

मैं तो अभी छोटी थी, मेरे हाथ कब लग गए।

Ma ki ladli

मेरी गुड़िया को सजाया मैंने,

अभी तो अपने हाथों से।

कब खुद तैयार हो गई,

वो अपने हाथों से।

कद्र

जो पास है उसकी कद्र करो जो दूर है,

उनसे बात करो।

यही जीवन का सत्य है,

इसको तुम स्वीकार करो।

Family

घर एक ऐसा सुकून है,

यहाँ हर खुशी मिलती है।

तभी खुदा ने परिवार बनाया है,

यहाँ अपनो की मुस्कुराहट मिलती है।

परेशानीयां

कभी कभी परेशानियाँ, ऐसी भी होती हैं।

जो जाने का कभी, नाम नहीं लेती हैं।

Sukoon

कभी कभी तन्हाई मुझे, इतना सुकून देती है।

कि मुझे किसी के सामने, बुरा बनने से बचा लेती है।

अच्छाई

लोगों ने मुझसे कहा कि, तुम बहुत अच्छे हो।

मैंने कहा यही तो खराबी है, जो तुम कहते हो।

Self depend

अगर जिंदगी में कुछ करना है,

खुद को झाक कर तो देखो।

लोग कहेंगे और कहते रहेगें,

पहले कुछ करके तो देखो।

फायदा

किसी की मजबूरी का इतना भी,

फायदा मत उठाना कि वह टूट जाए।

उसका लोगों पर से यकीन खो जाए,

और उसके लिए जिंदगी झूठी हो जाये।

वक्त

वक्त को बदलने के लिए, इतना भी वक्त मत दो।

क्योंकि जब वक्त बदलता है, तो वक्त ही नहीं रहता।

Care

ध्यान रहे कि अपने वक्त को ,

लाने के लिए अपना ध्यान रहे।

दूसरो का भी ख्याल रहे,

और अपने ख़यालात का ख्याल रहे।

Busy

Busy होना एक अलग बात है।

पर अपनो के लिए वक्त न होना ये गलत बात है।

सफर

ज़िंदगी का सफर वक्त की तरह है,

जो कभी रुकता नहीं।

मेरा दुःख भी कुछ इस तरह है,

जो खत्म होता नहीं।

आदत

मोहब्बत को आदत न बनाओ,

बिखर जाओगे।

मोहब्बत को ज़िंदगी बनाओ,

संवर जाओगे।

गुमराह

मोहब्बत की राहों पर चला कर, यूँही भटक न जाना।

मेरे हाथों को थाम कर यूँही छोड़ कर न जाना।

खूबी

लोग चाँद मे दाग देखते हैं,

मैं चाँद में चाँदनी देखती हूँ।

लोग इंसान में बुराई देखते हैं,

मैं इंसान की खूबियाँ देखती हूँ।

Self love

प्यार करना है तो खुद से करो,

क्योंकि लोग बहुत चालाक हैं।

समझना है तो खुद को समझो,

क्योंकि हम बहुत खास है।

यकीन

कर लो ज़ुल्म शैतानों हम पर, हम भी खुदा के बंदे हैं।

न हारेंगे न हार मानेंगे क्योंकि हम बस खुदा से डरते हैं।

कला

खाना बनाना एक कला है,

जो बनाए उसके लिए बला है।

जो खाए उसके लिए मज़ा है,

और जो न खाए उसके लिए सज़ा है।

किस्मत

जो काम कल का है ,काम आज क्यों करना।

जो मेरी किस्मत का है, उसके लिए दूसरों से क्यों लड़ना।

जानवर

मत सताओ उन बेजुबानों को,

जो बोल नहीं सकते।

महारबानी करो अब ,

उन जानवरो पर जो कुछ कह नहीं सकते।

काम बोलना

शान्त रहना इंसान की कमजोरी नहीं,

समझदारी कहलाती है।

क्योंकि बोलते रहना इंसान की,

बेवकूफी ही कहलाती है।

Wait

My hand full of shine,

and wait for 2nd hand

means other hand in my hand .

बेटी

मत सताओ इनके अरमानों को,

ये भी किसी की बेटी हैं।

जीने दो इन्हें भी अपनी मर्ज़ी से,

इनके भी अपने सपने हैं।

Mother's day

It's a not special mother's day

It's special my mom.

Not a day today mother's day

It's day my mom.

माँ

दुनिया को संवार देती है, खुद को बिगाड़ लेती है।

खुशियों की कुर्बानी देती है, ऐसी तो सिर्फ माँ होती है।

बहन

तेरा मेरा साथ दो, गलियों की तरह है।

पेड़ की एक टहनी पर दो, कलियों की तरह है।

Wish

Princess की खूबी prince का ख्वाब है,

मेरे दिल में।

हो जाए तमन्ना पूरी, ये दुआ है मेरे दिल में।

Dosti mohabbat

दोस्ती अगर साथ है, तो मोहब्बत है ज़िंदगी।

दोनो अगर पास है, तो है हर खुशी।

Soul love

अगर प्यार दिल से हो,

तो सफल हो जाता है।

और अगर प्यार दिमाग से हो,

तो असफल हो जाता है।

Physical love

लोगों ने मुझसे कहा कि,

खूबसूरत इंसान से मोहब्बत न करना।

मैंने उनसे कहा कि,

मुझे किसी से मोहब्बत ही नहीं करना।

यकीन

मोहब्बत को यकीन से जीता जाता है,

शक से नहीं।

सुधार लो अपने आप को,

रहोगे किसी के नहीं।

प्रकृति

कुछ तो बात है इस आसमान में,

जो नीला दिखाई देता है।

कुछ तो बात है इन बादलों में,

जो बूँद बूँद करके बरसता है।

भाई

एक रिश्ता ऐसा भी है इस संसार में,

जो बाँधता है डोरी से एक रिश्ते को।

वो रिश्ता मेरे भाई का है जो हर हाल में निभाता है,

भाई बहन के रिश्ते को।

❧❧❧

भारत

मैंने देखा है शहिद होते हुए,

इस देश के लिए अपने भाइयों को।

कुछ तो बात है इस देश की मिट्टी में,

जो तैयार रहते हैं मर मिटने को।

❧❧❧

तिरंगा

हमारी ताकत हमारा तिरंगा है।

जो देखे वो बोले भारत का तिरंगा निराला है।

❧❧❧

भरोसा

इंसान के भरोसे पर कभी,

इतना भी भरोसा मत करना।

क्योंकि यह जब साथ छोड़ते हैं,

तो कहीं का नहीं छोड़ते।

❧❧❧

इंतजार

किसकी तलाश है मुझे,

जो दिल इतना बेचैन रहता है।

जानती हूँ कोई नहीं है,

फिर भी इंतजार रहता है।